ÉTUDES

SUR LA

ROYAUTÉ PRIMITIVE

PAR

H. SUMNER MAINE

DE L'UNIVERSITÉ DE CAMBRIDGE
MEMBRE DE LA SOCIÉTÉ ROYALE DE LONDRES ET DE L'INSTITUT DE FRANCE

PARIS
ERNEST THORIN, ÉDITEUR
**Libraire du Collège de France, de l'Ecole normale supérieure
des Écoles françaises d'Athènes et de Rome**
7, RUE DE MÉDICIS, 7

1882

ÉTUDES

SUR LA

ROYAUTÉ PRIMITIVE

Extrait de la *Revue générale du droit.*

TOULOUSE, IMPRIMERIE A. CHAUVIN ET FILS, RUE DES SALENQUES, 28.

ÉTUDES

SUR LA

ROYAUTÉ PRIMITIVE

PAR

H. SUMNER MAINE

DE L'UNIVERSITÉ DE CAMBRIDGE
MEMBRE DE LA SOCIÉTÉ ROYALE DE LONDRES ET DE L'INSTITUT DE FRANCE

PARIS
ERNEST THORIN, ÉDITEUR
Libraire du Collège de France, de l'Ecole normale supérieure,
des Écoles françaises d'Athènes et de Rome
7, RUE DE MÉDICIS, 7

1882

ÉTUDES SUR LA ROYAUTÉ PRIMITIVE [1]

I

L'ADMINISTRATION DE LA JUSTICE CIVILE.

Toutes les fois que dans les souvenirs de sociétés très anciennes, appartenant aux races avec lesquelles nous avons quelque affinité, nous rencontrons un personnage ressemblant à ce que nous appelons « le Roi, » nous le trouvons presque toujours associé à l'administration de la justice. Le Roi est souvent beaucoup plus qu'un juge. Il est presque invariablement général ou chef militaire. Il est constamment prêtre, sinon grand prêtre. Mais quoi qu'il puisse être par ailleurs, il manque rarement d'être juge, bien que ses relations avec la justice puissent ne pas être exactement celles avec lesquelles nous sommes aujourd'hui familiers.

Je ne puis donner ici que quelques exemples de ces relations entre beaucoup d'autres. Les monuments juridiques qui peuvent réclamer la plus haute antiquité sont ceux des Hindous. Il en est un dont les Européens ont depuis longtemps une connaissance assez vague sous le nom de Code de Manou. Beaucoup d'autres collections d'anciennes règles légales ont été depuis peu, découvertes dans l'Inde ; et quelques-unes mêmes ont été traduites. Mais il faut observer qu'aucune ne mérite le titre de Code. Ce sont en fait des livres de droit mêlé de théologie, des manuels adoptés par les Brahmanes indiens dans les vieilles écoles de droit, et dont le contenu, sans doute enseigné d'abord oralement et confié à la mémoire, n'a été fixé par écrit qu'à une époque relativement récente. De plus, tels que nous les possédons, ils sont le résultat d'une sorte d'évolution littéraire. Les traités originaux, ou mieux les corps de science primitifs, semblent avoir touché à toutes les

(1) Lectures faites à l'*Institution royale*.

choses divines et humaines, — envisagées, sans doute, à un point de vue purement théologique ; — mais les diverses portions de cette science se spécialisèrent graduellement jusqu'à ce qu'enfin des traités consacrés principalement au droit, ou au droit mélangé de ritualisme religieux, se séparèrent définitivement du reste. Dans ces vieux livres de droit, en tant qu'ouvrages juridiques, l'autorité du Roi est admise en principe. Il siège sur le trône de la justice. Il a devant lui le livre de la loi. Des Brahmanes éclairés l'entourent comme assesseurs. Une partie de ces idées, comme beaucoup d'autres antiquités d'origine immémoriale, survit encore dans l'Inde. Une personne occupant une haute position officielle compte au nombre de ses amis un indigène qui a consacré sa vie à la préparation d'un nouveau livre de Manou. Il n'a d'ailleurs aucun espoir ou souci d'en voir les préceptes mis en œuvre par une puissance aussi vile que la législature anglo-indienne, dont les pouvoirs dérivent d'un acte du parlement qui n'a pas même un siècle de date. Il attend que surgisse un Roi de l'Inde prêt à servir Dieu et à puiser le droit dans le nouveau Manou lorsqu'il siégera dans sa cour de justice.

Si nous passons de l'extrême Orient à l'extrême Occident, de l'aile orientale à l'aile occidentale de la race aryenne ou indo-européenne, de l'Inde à l'Irlande, nous trouvons la même association. Ce système si intéressant, l'ancienne loi irlandaise, est connu sous le nom de loi des Brehons, parce qu'elle était, dit-on, déclarée par les Brehons qui sont en réalité aussi proches que possible des brahmanes hindous, nonobstant l'altération de plus d'un trait caractéristique et la suppression de toute leur autorité sacerdotale sous l'influence du christianisme. Nous trouvons également ici que les grands Brehons sont Rois ou fils de Rois, et nous arrivons à cette conclusion significative que si le Roi est nécessairement un juge, il lui est néanmoins légalement permis d'avoir un juriste professionnel pour assesseur. On trouve ainsi bien des ressemblances frappantes, et souvent sur les points les plus inattendus, entre les anciennes lois hindoue et irlandaise. Ce détail sur la constitution d'une Cour de justice en est la preuve.

Les anciens juristes hindous affirmaient descendre d'êtres surnaturels à peine inférieurs aux dieux. Les anciens légistes irlandais prétendaient que le premier de leur corporation avait été l'élève de Moïse dans le désert. Mais, en fait, l'un et l'autre système juridique manifestent un ordre d'idées relativement plus moderne que celui dont nous pouvons suivre la trace dans les poëmes attribués à Homère. Ici nous pouvons discerner sous sa forme rudimentaire la conception d'une Cour hindoue ou irlandaise. Le roi d'Homère est principalement occupé de se battre. Mais il remplit aussi les fonctions de juge, et nous devons observer qu'il n'a pas d'assesseurs. Ses sentences lui viennent directement à l'esprit, dictées d'en haut par une bouche divine. Ces sentences ou θέμιστες — le même mot que le mot teutonique « *doom*, » — sont indubitablement tirées d'usages ou de coutumes préexistantes, mais la notion commune veut que le Roi les conçoive spontanément ou par inspiration divine. Le simple développement de cette croyance conduit à admettre ultérieurement l'inspiration émanée d'un juriste expert ou d'un livre autorisé.

J'insiste encore sur un autre exemple de cette association qui nous est à tous familier. Les juges chez les Hébreux représentent une ancienne forme de royauté. Leurs exploits, d'après le livre de l'Ecriture, nous les montrent comme des héros qui ont surgi aux heures de désastre national. Mais, indépendamment de l'étymologie du nom qui sert à les désigner, ils étaient évidemment chargés d'exposer la loi et d'administrer la justice. Déborah la prophétesse, que l'on range parmi eux, jugeait Israël. Elle siégeait sous le palmier de Déborah sur le mont Ephraïm, et tout Israël accourait pour entendre ses jugements. Héli, l'avant-dernier des juges, jugea Israël pendant quarante ans, et le prophète Samuel, le dernier d'entre eux, protestait expressément, dans son vieil âge, de la pureté de ses jugements. D'un autre côté, l'accusation formelle d'abus de pouvoir portée contre les fils d'Héli et celle de corruption contre les enfants de Samuel trahissent la décadence de ce système. Pendant la royauté plus mûre qui lui succède, l'exercice des fonctions militaires est surtout remarquable entre les mains de Saül et de David, mais l'autorité judiciaire se manifeste de nouveau dans Salomon.

Il est une partie de ces anciennes idées relatives à la justice, sur lesquelles il est nécessaire de s'arrêter un instant en raison de la grande importance qu'elles ont eue pour l'humanité. Il semblerait que dans ces temps antiques, quelle que pût être l'organisation de la justice, lors même qu'un système de tribunaux complètement indépendants existait en concurrence avec la justice royale et quand même tout ou partie de la loi aurait été fixé par écrit, néanmoins on supposait toujours chez le Roi ce que nous pourrions appeler une juridiction supplémentaire ou subsidiaire. La loi, administrée de n'importe quelle façon, n'était jamais regardée comme assez parfaite pour que l'autorité royale ne pût être requise d'en combler les lacunes et de la corriger. Et de même que, d'après les idées modernes sur la jurisprudence, on considère chaque corps de droit comme devant inévitablement devenir un instrument de tyrannie grossière s'il ne se trouve quelque part une législature pour l'amender, de même le servilisme à l'usage immémorial qui caractérise les temps très anciens n'excluait pas la modification de cet usage par l'autorité du Roi. Nous devons à cette foi dans une autorité judiciaire supplémentaire résidant chez le Roi quelques branches de notre législation qui sont en grand crédit : par exemple la soi-disant Equité de la Cour de chancellerie ; et l'on pourrait y faire remonter d'autres institutions moins célèbres, telle que la vieille Chambre de l'Etoile (1), établie en vertu de l'exercice arriéré et, par suite, impopulaire de ce même pouvoir royal. Au point de vue pratique, deux systèmes juridiques se divisent en ce moment l'ensemble du monde civilisé. L'un est le droit anglais adopté par tous les peuples qui parlent notre langue, par nous-mêmes, par toutes les colonies fondées effectivement par des Anglais, par tous les Etats du nord et du centre de l'Union américaine et, dans une proportion croissant de jour en jour, par les millions d'êtres qui habitent l'Inde. L'autre est le droit romain, soit qu'il prenne, comme en Allemagne, la forme de ce que nous appelons coutume (*common Law*), soit qu'il se dissimule sous un léger déguisement, comme dans le Code civil français et les nombreux codes qui en dérivent. Pourtant le droit réellement indigène de l'an-

(1) Il n'est pas douteux que la Chambre de l'Etoile ait été de plus haute antiquité que les statuts réglementant son organisation (3 Henry VII, c. 1 et 21 Henry VIII, c. 3).

cienne Rome ne méritait pas une aussi brillante fortune. C'était un système rébarbatif de droit technique et sacramentel appartenant à un type vulgaire et facilement reconnaissable. Mais il subit une transformation grâce à cette faculté supplémentaire ou subsidiaire de l'autorité royale que je viens d'indiquer. La puissance judiciaire de ces personnages à demi fabuleux que l'on entrevoit à peine dans un lointain obscur, les Rois de Rome, descendit, lors de la fondation de la République, au magistrat connu sous le nom de Préteur; et l'antique croyance à une inspiration divine ou semi-divine, dictant les sentences du juge, se convertit graduellement en la supposition d'une loi imaginaire, mais bienfaisante : celle de la nature ou droit d'équité, guidant le préteur de l'époque plus moderne. Auguste Comte eût pu en appeler à ce changement comme témoignant de la transformation d'une conception théologique en conception métaphysique. Ce qui a été transmis à une si grande fraction du monde moderne ce n'est pas le droit romain dans sa brutalité native, mais le droit romain distillé à travers la juridiction du préteur et maintenu par lui dans une concordance hypothétique avec la loi de nature. L'origine du corps de droit, regardé par quelques-unes des sociétés les plus civilisées de l'humanité comme l'œuvre idéale de la raison, et dont les jurisconsultes du continent parlent avec des louanges que les Anglais regardent à tous égards comme extravagantes, remonte par conséquent à cette très ancienne croyance que le droit, la coutume et la judicature étaient tous nécessairement et naturellement susceptibles de correction par l'autorité suprême du Roi.

Toutefois, je voudrais ici m'occuper moins des rois primitifs en général que de l'ancienne royauté teutonique ou germanique et de ses rapports avec la justice civile. Notre reine Victoria a dans les veines le sang de Cerdix de Wessex, le fougueux ancêtre de ces princes teutons dont la dignité a engendré la royauté anglaise, et elle représente, en un certain sens, la plus parfaite image de la royauté teutonique, — les institutions anglaises n'ayant jamais été aussi ruinées que celles des autres sociétés germaines par les bouleversements irrésistibles qu'ont provoqué ailleurs le droit romain et son cortège d'idées juridiques. Mais malgré la vérité de cette observation, il n'est pas de communauté dont l'antique histoire légale soit plus obscure que la nôtre, quoique les efforts de la science anglaise et allemande aient beaucoup fait récemment pour l'élucider. Heureusement, pour établir les anciens rapports d'un roi germain avec la justice, nous pouvons nous en référer à un monument de l'ancien droit teutonique élevé à l'époque où les pirates du Jutland et de la Frise se mettaient à l'œuvre pour détruire l'administration provinciale organisée dans notre île par les Romains. Il s'agit de la loi Salique, le plus vieux des codes teutons, le plus vieux tableau des institutions germaines qui soit esquissé par un Germain. Les savants s'accordent assez généralement aujourd'hui pour affirmer qu'il appartient au cinquième siècle après Jésus-Christ et que sa préparation fut suggérée par la grande codification du droit romain effectuée par l'empereur Théodose II. Rien de singulier comme l'illusion conservée si longtemps et avec tant d'obstination en Europe que la loi Salique formait un ensemble de règles, ou à tout le moins comprenait une série de règles, pour déterminer la succession aux trônes et l'hérédité des couronnes. En réalité elle traite de choses beaucoup plus humbles. Elle s'occupe de la vie journalière des hommes appartenant à la confédération des tribus germaines appelée, — on ne sait trop pourquoi, — les Franks Saliens. Elle traite de vols et de rixes, de bétail, de porcs, d'abeilles, et, par-dessus tout, de la procédure solennelle et embrouillée que chacun devait suivre pour faire redresser un tort ou respecter un droit. On ne peut mieux la décrire qu'en la définissant un manuel de droit et de procédure à l'usage ou pour la direction des francs-juges de l'ancienne Cour teutonique, la Cour de centaine. Elle est rédigée dans un style qui réfléchit probablement avec exactitude la manière dont les Germains du cinquième siècle parlaient latin. Quelques manuscrits contiennent même des additions interlinéaires d'un très vieux dialecte teuton qui, sous le nom de glose Malbergienne, offrent encore le plus vif intérêt pour les philologues. Quant à la royauté, elle n'a rien à y voir, si ce n'est en tant que le Roi est mêlé à l'administration de la justice. Le fameux passage que l'on invoquait jadis pour justifier tant de guerres sanglantes en Europe, qui donna lieu à la guerre de Cent ans entre la France et l'Angleterre et qui est encore la base de la théorie politique appelée Légitimité, renfermait simplement la loi de succession à la propriété foncière (1).

Cette Cour de centaine, qui administrait aux Franks Saliens la loi Salique, était la plus ancienne Cour organisée parmi les races germaines. Il y a eu probablement des Cours préhistoriques « naturelles » encore plus reculées, telles que les assemblées (*moots*) des diverses communautés de village ; mais la Cour de centaine était le résultat d'un plan délibéré pour fournir une alternative à la violence et à l'effusion du sang, et elle semble avoir été d'adoption réellement universelle chez les tribus germaniques. Vous savez peut-être qu'elle a légué à notre pays une circonscription territoriale, la centaine, ou (comme on l'appelle dans le Nord), le *Wapentake* ; et M. Gomme, dans son intéressant ouvrage sur les assemblées populaires primitives, — *Primitive Folk Moots*, — a retrouvé plusieurs endroits où se tenaient ces réunions en plein air. Elles semblent avoir été particulièrement nombreuses dans le Norfolk et l'Est de l'Angleterre. La Cour de centaine ne fut cependant pas, dans notre pays, une institution douée d'une grande vitalité, puisqu'une partie de ses attributions semble avoir passé de bonne heure à un corps judiciaire ayant une juridiction plus étendue, la Cour de comté ou *Shire-Court*, tandis qu'une autre partie retournait aux communautés de village sous leur nouveau nom de *manoirs*.

La Cour de centaine, telle qu'elle nous apparaît dans la loi Salique, représente à première vue un tribunal absolument populaire avec lequel la royauté n'a rien à débattre. Les juges sont tous des hommes libres vivant dans les limites de la centaine. Le président électif porte le nom de *Thunginus* ou *Thingman*. Je ne veux rien dire de ses caractères généraux, sinon qu'elle est foncièrement technique et qu'elle prouve suffisamment d'elle-même à quel point l'amour des difficultés techniques dans la loi est une maladie qui attaque moins la vieillesse que l'enfance des sociétés. Mais elle offre une par-

(1) « *De terrâ (Salicâ) in mulierem nulla portio hæreditatis transit, etc.* » Le mot « *Salicâ* » est certainement une interpolation, comme on peut le voir du premier coup en jetant un regard sur la concordance des manuscrits, dans la superbe édition synoptique de la *Lex Salica*, par MM. Kern et Hessels. Londres, Murray, 1880, pp. 379 et suiv.

ticularité remarquable : c'est que dans une importante série de causes portées devant elle, les causes soulevées par un contrat ou une question de propriété, elle n'impose pas de force ses décisions. On peut soupçonner qu'à une date encore plus ancienne, cette singulière inaptitude à remplir ce qui nous semble la première fonction d'un tribunal s'étendait à toutes les injonctions de la Cour de centaine, quel qu'en pût être l'objet. L'explication semble bien être que les premières Cours établies délibérément par l'humanité n'étaient dans son intention que ce que nous appellerions des Cours d'arbitrage. Leur rôle capital etait de donner au sang trop bouillant le temps de se refroidir, d'empêcher les hommes de se faire justice à eux-mêmes, enfin, de prendre en mains et de régulariser le redressement des torts. La plus vieille pénalité pour désobéissance à la Cour était probablement la mise hors la loi. La loi ne couvrait plus l'homme qui refusait de s'en tenir à la sentence prononcée. S'il était tué, on interdisait à ses parents, ou du moins l'opinion primitive agissait de toute sa force pour les détourner, de chercher cette vengeance qui, dans d'autres circonstances, eût été leur droit et leur devoir.

Mais précisément ici la loi Salique nous met sur la trace de l'un des plus grands services que l'autorité royale ait rendus à la justice civile. Au premier coup d'œil le Roi paraît n'avoir rien à démêler avec la Cour de la centaine. Il y est seulement représenté par une classe d'officiers qui perçoivent sa part des amendes imposées, — une source fort importante du revenu royal. Nous voyons toutefois que si un plaideur malheureux s'était engagé à respecter la sentence, l'officier du Roi la ferait mettre à exécution, et même, en l'absence d'un pareil engagement, si le plaideur qui gagne allait trouver le Roi en personne et lui adressait une pétition, le Roi lui ferait justice en vertu de son autorité subsidiaire. Ce sont là les premiers pas, faibles et incertains, de l'autorité royale vers l'ascendant qu'elle a obtenu dans tous les pays teutoniques sur la justice populaire primitive. Elle a amoindri, puis finalement absorbé cette justice, mais en lui conférant alors la faculté sans laquelle nous pouvons à peine concevoir son existence. Le Roi donnait à son bras du nerf pour frapper, et il ne semble guère douteux que l'opération qui a mis toute la force de l'Etat au service du juge pour faire exécuter ses ordres soit le résultat du contact de plus en plus étroit de l'autorité royale avec la Cour populaire. Nous possédons dans les Capitulaires des rois franks certains renseignements sur le cours ultérieur de ces relations entre le Roi et la Cour. Au bout de quelque temps, le Président populaire de la Cour de centaine, le *Thingman*, disparaît et sa place est prise par le *Graf* ou comte, le lieutenant du Roi. L'autorité royale est donc en voie de croissance continue, et comme conséquence nous voyons le comte user de la puissance royale pour imposer tous les arrêts du tribunal sans distinction d'objet, sans engagement préalable et sans appel à l'équité suprême du Roi. La présidence de l'officier royal sur la Cour a été le début d'une suite de changements qui ont profondément altéré le caractère de la vieille justice populaire. Partout, dans les pays teutoniques, nous trouvons les représentants du Roi exerçant l'autorité dans les anciennes Cours, insistant pour administrer la justice au nom du Roi et finalement administrant leur propre justice simplifiée sur les ruines des anciennes constructions judiciaires tombées partout en décadence et en discrédit. Si telles ont été les conséquences bien établies du contact des rois teutoniques avec les Cours populaires, il vaudra peut-être la peine de rechercher quelles étaient les défectuosités de ces Cours, quels germes de dissolution elles contenaient et ce qui a pu faire du Roi, indépendamment même de sa puissance, leur héritier naturel.

Deux formes d'autorité, le Roi et l'Assemblée populaire, se rencontrent côte à côte dans un grand nombre de sociétés humaines dès qu'elles franchissent pour la première fois le seuil de la civilisation. L'Assemblée populaire et la Cour populaire sont, en principe, une seule et même institution ; ce sont des réunions d'hommes libres appartenant à la Communauté convoqués pour des fonctions publiques différentes. Comme chef *politique*, le Roi vient en opposition avec l'Assemblée populaire ; comme chef militaire, il vient en opposition avec l'armée, l'ensemble des hommes en état de combattre ; avec la Cour de justice populaire, il vient en opposition comme juge, comme dépositaire de cette autorité judiciaire spéciale dont j'ai déjà parlé. Je n'entrerai pas dans la question, si discutée aujourd'hui, de savoir quel est le plus ancien : le Roi ou l'Assemblée populaire, ou s'ils ont coexisté de tout temps ; j'observerai seulement que la tendance des recherches les plus récentes est d'attribuer la plus haute antiquité à l'assemblée de la tribu. En prenant donc comme un fait acquis, en général, l'apparition simultanée de ces deux autorités, nous pouvons remarquer une autre loi suivant laquelle elles semblent progresser. Dans les communautés dont Athènes et Rome sont les grands exemples, — dans ces villes enceintes de murailles qui ont été le berceau de tant d'idées modernes, les organes de la liberté, si l'on peut ainsi dire, continuent de croître en importance. Les assemblées monopolisent le pouvoir. Le Roi disparaît ou passe à l'état d'ombre. Mais dans les communautés disséminées sur de larges étendues de terre et sans villes fermées, c'est le Roi qui grandit, et toutes les institutions populaires tendent à tomber en décrépitude. Y a-t-il donc quelque raison à cette croissance et à cette décadence des institutions particulière dont nous nous occupons, — les institutions judiciaires? Une cause de leur faiblesse peut être attribuée, je crois, aux anciennes institutions populaires, aussi bien judiciaires que politiques. C'était le grand nombre d'hommes qu'elles réclamaient et le temps énorme qu'elles prenaient à chacun pour travailler utilement. Même dans les communautés que le mur d'enceinte réduit à des dimensions modérées, nous pouvons apprécier la difficulté de pousser le peuple à remplir ses devoirs publics. Les gens instruits se rappelleront ici la corde frottée de vermillon que l'on tendait dans les rues d'Athènes pour obliger de force les citoyens à se rendre au lieu de l'assemblée et qui exposait à une amende les traînards qu'elle avait marqués. Leurs souvenirs s'arrêteront aussi sur la fameuse indemnité de trois oboles que l'on recevait pour assistance aux réunions politiques et au tribunal populaire. M. Freeman, parlant de la renaissance des libertés helléniques au sein des États qu'unissait la Ligue Achéenne (1), a noté que l'importunité de remplir ses devoirs politiques eut pour effet d'en concentrer en quelques mains les privilèges et de convertir ainsi des démocraties en aristocraties. Une grande partie de la liberté ancienne se perdit effectivement par l'abus des charges où elle exigeait que l'on payât de sa personne. Or dans les

(1) *History of federal government*, t. 1, p. 260.

communautés de l'autre catégorie, qui consistent en villages dispersés sur une grande étendue de pays, l'inconvénient des charges publiques a toujours dû être considérable, et devenir encore plus intolérable lorsque les dimensions se sont accrues par l'absorption de nombreuses tribus dans une même nation. On peut en trouver quelque preuve dans l'importance que l'ancien droit germanique assigne au *sunis* ou *essoin*, un mot qui a jadis grandement intrigué les jurisconsultes anglais, mais qui est de vieille origine germaine et signifie en réalité le fondement de l'excuse légale qu'un homme peut invoquer pour être exempté de ses devoirs envers le tribunal populaire teutonique. Mais la difficulté peut se comprendre d'autre manière. — Bien que la généalogie en ait été passablement interrompue, notre jury anglais est une survivance de l'ancienne justice populaire ; et cependant, aujourd'hui même, il n'est personne, je le suppose, qui reçoive, avec une parfaite satisfaction, la sommation de faire partie du jury. Que devait donc être l'obligation de comparaître lorsque le lieu de réunion se trouvait à l'autre bout de la centaine, voire même du comté, lorsqu'il n'y avait point de routes en Angleterre, sauf les voies romaines, lorsque les comtés de l'Est ne valaient guère mieux qu'un marécage et que le Weald (1) du Sud était réellement une forêt? Et pourtant il y a quelque raison de croire que le devoir d'assistance était plus léger en Angleterre qu'ailleurs. Sur le continent d'Europe, tant que la Cour de centaine eut une existence effective et jusqu'au moment où elle fut convertie en un comité spécial d'experts, nous ne pouvons distinguer aucun relâchement dans la règle sévère qui enjoint la présence de tout homme libre ayant atteint la plénitude de l'âge. Mais sur ce point même le début du système représentatif qui a tant fait pour continuer, sous une forme anglaise, la liberté protectrice de la vie chez les Teutons, peut être discerné comme caractérisant déjà notre pays. Dès les temps les plus anciens les Cours de centaine et de comté étaient suivies, en Angle-

(1) Le *Weald*, dont le nom signifie en anglo-saxon la *Forêt*, est la région comprise entre les *North-Downs* et les *South-Downs*, à l'ouest du comté de Kent. On peut lire, sur cette question des déplacements qui joue un si grand rôle dans la civilisation et la politique d'un peuple, la curieuse étude de M. Jusserand. « *La vie nomade et les routes d'Angleterre au moyen âge.* » *Revue historique*, juillet-août 1882. (N. du tr.)

terre, non par tout homme libre, mais par les lords de manoirs et par le bailli (*Reeve*) accompagné de quatre hommes pour représenter chaque village ou paroisse. Néanmoins, il n'est guère douteux que, même en Angleterre, le devoir d'assistance fût regardé comme fort onéreux. Dans la confirmation de la Grande Charte par Henri III, en 1217, il y a une clause portant que les Cours de comté ne seront tenues qu'une fois par mois; et M. Stubbs (1) avance ici comme explication que les shériffs abusaient de leurs pouvoirs de convoquer la Cour pour des réunions spéciales et de taxer les absents. Il ajoute que les shériffs avaient un intérêt direct à multiplier les convocations.

Cette multiplicité des Cours de justice, outre celles du Roi, se prolongea longtemps pendant la période féodale. La Féodalité atteignit en France son développement le plus complet, et les historiens français semblent étonnés du nombre de personnes qu'exigeait l'organisation d'une Cour de justice féodale. Le principe en est exprimé par une formule qui nous est familière, à savoir, que chacun doit être jugé par ses pairs. Cela signifiait, à l'origine, qu'il avait pour juges tous ceux qui se trouvaient au même degré que lui par rapport à leur supérieur. Si un grand vassal de la couronne devait être jugé pour trahison ou félonie, tous les grands vassaux des rois de France devaient s'assembler de toutes les parties du territoire dont le Roi était Suzerain; et ce fut précisément une Cour de ce genre qui dépouilla notre roi Jean des plus belles provinces de France. Si, d'autre part, il s'agissait de juger un vilain, ses pairs étaient les vilains de la même seigneurie. La conséquence inévitable fut que les Cours de la féodalité française dégénérèrent en corps dont toutes les fonctions actives étaient confiées à un petit comité d'experts; et comme ces experts étaient pour la plupart fanatiques de droit romain, ils exercèrent une influence mémorable en diffusant la notion du pouvoir royal absolu et, spécialement, de son autorité légitime sur la justice. *Quod principi placuit, legis habet vigorem*, — tel fut le principe fondamental des nouveaux développements de la jurisprudence romaine.

On peut donc croire que les anciennes Cours populaires germaniques, et probablement les Cours populaires d'autres socié-

(1) *Constitutional history*, t. I, p. 605.

tés, tombèrent en défaveur ou en décadence, à mesure que les communautés s'élargissaient par l'admission de tribus nouvelles, à cause de la multitude de juges qui en faisaient partie, et de la grande difficulté de remplir les devoirs judiciaires. L'homme libre qui aurait dû y assister préférait rester chez lui, envoyer une excuse ou *essoin* pour sa négligence, et se soumettre à une amende, si l'excuse était tenue pour insuffisante.

Les tribunaux se changeaient ainsi constamment en comités de juristes experts, avec une forte inclination pour l'autorité royale. En même temps, nous savons d'autre source que le Roi et la justice royale grandissaient toujours à leurs dépens ; et nous pouvons nous demander si, dans la position et les fonctions du Roi, il y avait rien qui lui donnât un avantage dans cette concurrence avec les Cours locales populaires. L'histoire de leur lutte est beaucoup trop longue et trop compliquée pour trouver place ici. Mais les habitudes du Roi lui procuraient un avantage qu'il peut être intéressant de faire ressortir, d'autant plus qu'on le néglige souvent. Je n'imagine pas qu'un plaideur, lorsqu'il s'abandonnait dès le début entre les mains du Roi, ou lorsqu'il en appelait au Roi par-dessus la tête du tribunal populaire, se rendît lui-même à la résidence royale, palais ou château. Ce n'était pas le plaideur qui allait au Roi, mais le Roi qui allait vers le plaideur. Je crois, d'après bien des indices, que ces anciens rois étaient des personnages itinérants, essentiellement ambulants et voyageurs. Dès qu'ils devenaient stationnaires, ils étaient généralement condamnés à périr. Les rois primitifs des communautés confinées dans leurs murs disparaissent bientôt de la scène. Peut-être, comme l'a suggéré M. Grote, vivaient-ils trop sous les yeux de leurs sujets pour que leur humble situation pût commander beaucoup de respect, une fois que la croyance à leur caractère sacré était éteinte. Mais le Roi plus barbare des communautés disséminées sur un large territoire était constamment en mouvement, sinon il périssait, ainsi qu'il advint des *rois fainéants* chez les Franks. Si l'on me demandait de fournir la plus antique preuve de ces habitudes chez les anciens rois, je renverrais à ces documents irlandais dont on commence seulement à reconnaître la valeur ; car, n'en déplaise aux théoriciens qui expliquent tous les caractères nationaux par quelque chose dans la race ou dans le sang, les très anciennes lois et institutions irlandaises ne sont rien de plus que les très anciennes lois et institutions germaniques à un stage de barbarie antérieure. Or, quand des Anglais, comme Edmund Spenser, commencèrent pour la première fois à écrire leurs observations sur l'Irlande, vers la fin du seizième siècle, il y avait une coutume irlandaise dont ils parlèrent avec la plus vive indignation. C'était ce qu'ils appelaient les « *cuttings* » et les « *cosherings* (1) » des chefs irlandais, c'est-à-dire leurs circuits périodiques parmi leurs tenanciers dans le but de festoyer avec leur compagnie aux frais du vassal. Ce n'était au fond qu'un dernier vestige d'incidents communs dans la vie journalière du Roi ou Chef barbare, qui, n'ayant pas de collecteur de taxes pour lever ses redevances, se mettait en chemin pour les percevoir lui-même, et vivait, bien entendu, pendant la route, aux dépens de ses sujets. La théorie du droit irlandais affirmait, — et il est d'ailleurs impossible de dire à quel point elle correspondait avec les faits, — que le Chef avait acquis ce droit en peuplant de bétail et de troupeaux la terre occupée par l'homme de son clan. Nous trouvons un exposé pompeux et enthousiaste de ces pratiques dans les anciens documents sur la vie et la situation de ces Chefs irlandais qui s'intitulaient d'eux-mêmes Rois. « Le roi de Munster, » dit le *Livre des droits*, « suivi des grands princes de son royaume, commença ses visites par le Roi de Connaught, et lui fit présent de 100 coursiers, 100 équipements militaires, 100 épées et 100 coupes; en retour de quoi ledit Roi devait l'héberger pendant deux mois à son palais d'Anachan, puis l'escorter jusqu'au territoire de Tyrconnel. Il présenta au roi de Tyrconnel 20 coursiers, 20 armures complètes et 20 manteaux, moyennant quoi ledit Roi l'entretint lui et la noblesse de Munster pendant un mois, et ensuite l'escorta jusqu'à la principauté de Tyrone. » On nous montre ensuite ce Roi de Munster traversant ainsi Tyrone, l'Ulster, Meath, le Leinster et Ossory, partout distribuant des dons aux chefs et recevant en échange une large hospitalité. Je crains que cette hospitalité n'ait été d'une réalité plus historique que les dons royaux. Toutefois la coutume décrite avec tant d'em-

(1) « *Cosherings* », de l'irlandais « *cosair* », fête, banquet. Cf. l'*Histoire des institutions primitives*, de Sir Henry Maine, p. 160, note de M. Durieu de Leyritz. (N. du T.)

phase par le chroniqueur ou barde, est évidemment la même que celle des « tailles » et « festoiements » — *cuttings and cosherings* — dénoncée par Spenser et d'autres écrivains comme l'une des plaies de l'Irlande.

Il y a lieu de croire que les Rois anglais pérégrinaient de la même façon et surtout dans le même but. Les « *Eyres* » des Rois anglo-saxons nous sont décrits par Palgrave dans ses *Origines de la nation anglaise* (1). Le jurisconsulte pourrait soupçonner la persistance de cette habitude d'après l'obscurité relative des localités où quelques-uns de nos vieux statuts, dont l'importance fut la plus durable, ont été promulgués, — Clarendon, Merton, Marlbridge, Acton Burnell. Le lecteur de romans rencontre des souvenirs de cette coutume dans *Kenilworth*, car les déplacements d'une souveraine aussi moderne qu'Elisabeth dérivent certainement des mœurs ambulatoires de ses prédécesseurs. Mais il en est une preuve d'un caractère encore plus remarquable. Deux savants historiens, M. Eyton et feu sir T. Duffus Hardy, ont reconstitué, d'après les documents des Archives, les mouvements et changements de résidence de deux Rois anglais, Henry II et le Roi Jean, pendant un assez long espace de temps. Ni l'un ni l'autre ne sont des rois très anciens, et tous deux pouvaient avoir une certaine tendance naturelle à l'instabilité; mais leur activité, peut-être excessive, n'était assurément pas une habitude nouvelle pour un Roi. Je n'étudierai aujourd'hui que les mouvements du Roi Jean, parce que son règne fait époque, non seulement dans l'histoire politique, mais aussi dans l'histoire judiciaire de l'Angleterre. L'*Itinéraire du Roi Jean* par sir Thomas Hardy nous donne l'indication des places où l'on trouve le Roi durant chaque mois de l'année, de 1200 à 1216, — l'année commençant alors le jour de l'Ascension. Je prends presque au hasard le mois de mai 1207. Le 1er mai le Roi est à Pontefract, le 3 à Derby, le 4 à Hunston, le 5 à Lichfield, le 8 à Gloucester, le 10 à Bristol, le 13 à Bath, le 16 à Marlborough, le 18 à Ludgershall, le 20 à Winchester, le 22 à Southampton, le 24 à Porchester, le 27 à Aldingbourn, le 28 à Arundel, le 29 à Knep Castle et le 31

(1) *Rise of the English Common-Wealth*, I, p. 286. Le mot « *eyre* » est employé comme synonyme d' « *iter* » *in itinere*. (N. d. T.)

à Lewes. Le Roi doit avoir fait nécessairement tout ce trajet à cheval, dans une contrée presque dépourvue de routes, excepté les voies romaines. Je prends maintenant juin 1212, où le Roi se rend dans une province plus reculée et plus impraticable. Le 4 juin il quitte la Tour de Londres, et le 28 il est à Durham, ayant passé dans l'intervalle par Hertford, Doncaster, Richmond dans le Yorkshire, Bowes, Appleby, Wigton dans le Cumberland, Carlisle et Hexham. Chose encore plus remarquable, il avance avec la même rapidité en Irlande, qui était alors un pays aussi peu connu et aussi impénétrable qu'aujourd'hui les parties les plus sauvages de la Sierra Nevada. Il atteint Waterford avec ses troupes, venant de Haverfordwest, le 20 juin 1210, et il y est de retour à la fin d'août, ayant visité toutes les places d'importance dans la moitié sud-est du pays. Vous sentez que je ne choisis pas des périodes où les déplacements du Roi soient exceptionnels et son activité plus grande que de coutume. Telle a été réellement sa vie de chaque mois, pendant chaque année de son règne. Le Roi Jean passe pour un souverain efféminé; mais jamais commis-voyageur de nos jours, aux gages d'une maison affairée et entreprenante, ne s'est, je crois, déplacé aussi incessamment et pendant tant d'années consécutives, même avec tout le secours des chemins de fer.

Nous pouvons voir comment le Roi itinérant se transforma peu à peu en monarque du type moderne. Le changement peut être attribué au progrès du système des *missi*, députés itinérants du souverain, ses serviteurs *in Eyre*, suivant l'expression anglaise. Le premier emploi des *missi* est sur le continent de bien plus vieille date que le règne du Roi Jean, et il remonte considérablement au delà en Angleterre. Mais, comme il est habituel en pareil cas, l'un des systèmes ne prit pas d'un seul coup la place de l'autre, et les rois, tout en devenant graduellement plus stationnaires ou sédentaires, ne cessèrent pas soudain de voyager sur leur domaine, lorsqu'ils commencèrent à se faire représenter par des juges itinérants ou des envoyés directs. Toutefois, la transition fut accélérée, dans notre pays, par le grand changement constitutionnel dont je vais parler.

Mais notons, avant tout, combien cette vie ambulante de l'ancien Roi teuton lui donnait d'avantage, en tant qu'autorité judiciaire, sur les anciennes Cours populaires qui existaient peut-être depuis un temps immémorial à ses côtés. Ainsi que je l'ai expliqué, elles contenaient en elles-mêmes des germes de décadence. Leurs nombreux assistants avaient d'excellentes raisons pour esquiver ou remplir avec tiédeur ce qui aurait dû leur paraître le plus strict des devoirs. Il leur fallait perdre bien des jours et courir bien des dangers à travers les forêts et les fondrières jusqu'au lieu de réunion. Ils avaient à s'enquérir de toutes les circonstances des cas portés devant eux, sans l'aide d'aucun secours tel qu'on en trouve dans une Cour de justice moderne. Ils avaient souvent à visiter la scène des actes incriminés de violence. Ils n'avaient pas seulement, comme un jury moderne, à trancher des questions de fait : ils avaient aussi à déclarer la loi ou l'usage et à prononcer la sentence. Puis, après toutes ces peines, ils couraient risque d'un procès pour jugement fautif, et pouvaient même, d'après le système judiciaire de quelques communautés, être appelés à défendre leur arrêt par les armes. Un capitulaire de Charles le Chauve leur enjoint de venir à la Cour armés comme pour la guerre, car ils pouvaient avoir à combattre pour leur juridiction ; et, à une date postérieure, le serment de fidélité exigé par le seigneur féodal liait constamment le vassal au service de la Cour, non moins étroitement qu'au service des armes. Le poids de cette charge était si lourd pour le pauvre que l'Eglise intervint en sa faveur, et un concile du neuvième siècle protesta contre la cruauté de forcer le pauvre à comparaître en Cour.

Mais pendant que toutes ces causes travaillaient à l'affaiblissement des Cours populaires et faisaient le vide dans leur enceinte, le Roi parcourait sans cesse le pays, portant avec lui cette royale justice dont l'idée n'avait jamais été séparée de son titre depuis l'origine de sa dignité (1). La justice qu'il rendait

(1) Un livre intéressant de M. Drew, *Kashmir and Jummoo*, renferme un passage qui éclaire d'une façon curieuse le caractère de l'ancienne juridiction royale et indique l'un des motifs qui portaient le roi à montrer tant d'activité dans l'exercice de ses prérogatives. Voici ce qui se passe encore de nos jours dans la *Curia regis* du maharadjah de Cachemir, un souverain beaucoup plus moderne que le système auquel il a recours. Gholab Singh, le premier de la dynastie intronisée par les Anglais en 1846, était, nous dit M. Drew, « toujours accessible, patient, et prêt à écouter toutes les plaintes. Très porté à descendre dans les détails, la plus petite affaire pouvait lui être soumise et captiver son attention. Moyennant l'of-

était en premier lieu très complète, puisqu'il avait toujours ses officiers pour exécuter ses ordres. Elle était en outre irrésistible, puisqu'il avait généralement avec lui la fleur de l'armée nationale. Elle était probablement plus intègre, car le tribunal populaire n'était certainement pas inaccessible à la corruption ; et elle était beaucoup plus exacte, car la connaissance précise des lois appartenait bien plus, sinon exclusivement, aux experts qui suivaient le Roi dans ses voyages. De plus, à cette époque, tout ce qui répondait à ce que nous appelons aujourd'hui l'esprit de réforme ne dépassait pas la sphère où vivaient le Roi et ses Conseillers. Lui seul pouvait introduire dans la loi des adoucissements relatifs et simplifier sa procédure. Ainsi croissait la justice royale, à mesure que déclinait la justice populaire ; et de l'ascendant qu'obtint définitivement la première proviennent la plupart des traits caractéristiques que nous associons à l'idée de *Loi*, et que certains théoriciens en déclarent inséparables : — l'uniformité, l'inflexibilité, l'irrésistibilité.

On pourrait presque affirmer qu'en Angleterre rien ne périt entièrement. Le Roi itinérant est encore représenté chez nous par les juges d'Assises en circuit ; l'ancienne Cour populaire survit dans le jury, bien qu'ici la généalogie soit beaucoup plus obscure et plus interrompue que dans l'autre cas. On sait depuis longtemps que, sous le règne du Roi Jean, l'autorité royale était, pour raisons spéciales, parfois déléguée à des serviteurs itinérants ; mais une branche de la juridiction royale, celle des *Plaids communs*, ou, en d'autres termes, celle qui s'étendait sur la plus grande partie des litiges civils, — litiges les plus importants pour la nation, — suivait le Roi dans ces étranges

fre accoutumée d'une roupie, il prêtait l'oreille à toutes les doléances. Même dans la foule, si l'on pouvait attirer son regard en lui montrant la roupie et en criant : « Monseigneur le roi, une pétition », il fondait sur l'argent comme un faucon, et après l'avoir empoché, il écoutait tranquillement le pétitionnaire. Un homme qui lui avait un jour adressé sa réclamation de cette manière, au moment où le maharadjah voulut prendre la roupie, ferma la main en disant : « Non, écoute d'abord ce que j'ai à dire. » Gholab Singh ne perdit point patience. Il attendit que l'homme eût exposé son cas et rouvert la main, puis il donna ses ordres en conséquence. » « Les affaires civiles et criminelles, nous explique-t-on plus loin, sont habituellement l'objet d'une instruction préalable de la part des officiers judiciaires des cours de première instance ; peut-être même ont-elles été tranchées par la Cour d'appel. Mais chacun est libre de tenter le sort en s'adressant à la personne du maharadjah. »

pérégrinations dont j'ai parlé. D'où s'éleva petit à petit un grand abus. Dans les temps primitifs, alors que les questions étaient simples, le Roi, en s'approchant tour à tour de chaque localité centrale, n'éprouvait peut-être guère de difficultés à décider, avant son départ, chaque contestation. Mais lorsque s'éleva une société plus complexe et plus riche, il devint extrêmement difficile pour un plaideur d'obtenir du Roi la fixation d'un jour, suivant l'expression consacrée. Sir Francis Palgrave a publié dans le second volume de ses *Origines de la nation anglaise* un document fort curieux : c'est le récit des mésaventures et des frais qu'eut à supporter Richard de Anesty, à raison d'un procès mixte, civil et ecclésiastique, qu'il avait devant le Roi et l'Archevêque de Cantorbéry. Outre des vexations infinies de la part des Cours ecclésiastiques, il eut à traverser la mer pour suivre Henry II en France et revenir en Angleterre avant d'obtenir son jour. La lecture de ce mémoire nous donne une vive idée de l'importance que l'on attachait à cette clause de la Grande Charte, que « les *Plaids communs* ne suivront plus le Roi. » C'est là une grande époque judiciaire, marquant une révolution dans la judicature; et le Roi Jean se mit immédiatement à en démontrer la nécessité. Il scella la Grande Charte à Runnymede, le 15 juin 1215, et avant le 15 juillet il avait parcouru tout le sud de l'Angleterre et remonté dans le nord jusqu'à Oxford. Cependant les juges des *Plaids communs* siégeaient, — comme ils l'ont toujours fait depuis lors jusqu'à l'absorption toute dernière des *Plaids communs* pour la Haute-Cour de justice, — à Westminster, et nulle part ailleurs qu'à Westminster.

Avec le scel de la Grande Charte se termine l'histoire ancienne des rapports du Roi anglais avec la justice civile, et le système judiciaire de la moderne Angleterre se trouve établi. Il se distingue à quelques égards des systèmes correspondants du continent européen, bien que ceux-ci aient été le résultat des mêmes causes générales. C'est le système judiciaire le plus fortement centralisé du monde, toutes les branches importantes de la judicature demeurant localisées à Londres, et une petite portion seulement se répandant sur le pays par l'action des juges *in Eyre,* les anciens *missi* dépêchés par le Roi et choisis dans son entourage. La seule modification considérable de ces principes fut l'établissement des nouvelles Cours de comté (*county courts*),

Cours différant absolument des Cours de comté anciennes (*shire courts*). Celles-ci n'ont laissé derrière elles que des traces imperceptibles, peut-être quelque monticule ombragé d'un arbre qui marque l'emplacement de leurs réunions en plein air, peut-être quelque amende insignifiante imposée aux propriétaires pour défaut d'assistance à un tribunal qui n'existe plus. Mais outre l'addition des nouvelles Cours de comté, le système judiciaire anglais offre un autre trait caractéristique, — le petit nombre des juges employés à l'administration de la justice.

Si, à travers la Manche, vous jetez un regard sur la France, vous trouvez ces caractères renversés : — relativement peu de centralisation judiciaire, un grand nombre de Cours locales, une multitude de juges répartis entre les différents tribunaux. Le Roi de France, comme le Roi d'Angleterre, devint, en théorie, la source de la justice; mais ce fut là beaucoup plus le résultat du zèle avec lequel les légistes experts, versés dans le droit romain, prêchèrent son autorité, que l'effet de la dépossession directe des Cours locales par ses propres émissaires. D'autre part, le caractère du droit lui-même, qu'elle qu'en fût l'administration, changea bien plus généralement en France et sur le continent qu'en Angleterre. Le droit romain gagna partout sur l'ancienne coutume un ascendant considérable, et même complet çà et là; aussi le code civil, l'œuvre par excellence de la Révolution, n'est-il qu'une version de la jurisprudence romaine. Mais quoiqu'il règne beaucoup d'obscurité sur les commencements de ce que nous appelons la coutume, *Common Law*, elle n'était indubitablement, au fond, qu'une version des usages germains, généralisée par les Cours et les juges du Roi. Elle garde encore la saveur de l'ancienne opposition entre la justice populaire et la justice royale. Vous savez, en effet, que si elle est administrée théoriquement au nom du Roi, on a pourtant fini par la regarder comme le rempart des libertés populaires contre les prétentions inconstitutionnelles des Tudors et des Stuarts. Cependant cette autorité subsidiaire sur le droit et la justice, qui, dans les temps anciens, ainsi que je l'ai dit en commençant, n'avait jamais été dissociée de l'idée de Roi, survécut à la maturité de la *Common Law*. C'est d'elle que sortit la juridiction de la Cour de Chancellerie, dont on ne peut dire exactement qu'elle ait été populaire, mais qui doit certainement toute son impopularité moins à la présomption de défectuosités inhérentes qu'à des vices accidentels, sa lenteur et sa fiscalité. Mais c'est également de la même autorité subsidiaire que naquit la juridiction criminelle de la Chambre de l'Etoile, qui est devenue, pour les historiens anglais, l'incarnation proverbiale de l'oppression judiciaire. Toutefois, la vraie différence historique entre la soi-disante équité de la Cour de Chancellerie et les illégalités ou inconstitutionnalités de la Chambre de l'Etoile, vient de ce que l'une est originaire d'une époque où l'autorité qui lui donnait naissance n'avait pas encore été sérieusement discutée, tandis que l'autre n'a obtenu de juridiction effective qu'au moment où cette autorité avait perdu son heure. La profondeur du discrédit où tomba la justice de la Chambre de l'Etoile marque le déclin et la chute de la bienfaisante influence exercée par la royauté sur le droit. Après ce que je viens de dire, on se convaincra peut-être que l'autorité royale judiciaire a été jadis le plus précieux et le plus indispensable agent de réforme. Mais, à la longue, sa carrière se trouva fournie, et, dans presque toutes les sociétés civilisées, son héritage a été dévolu à des législatures électives qui, dans tout le monde d'Occident, ne sont elles-mêmes que des rejetons du Parlement britannique.